ESPAÑOL EN DIRECTO
NIVEL 1A

AQUILINO SANCHEZ / MANUEL RIOS / JOAQUIN DOMINGUEZ

ESPAÑOL EN DIRECTO

NIVEL 1A

EJERCICIOS ESTRUCTURALES

SOCIEDAD GENERAL ESPAÑOLA DE LIBRERIA, S. A.
MADRID

LIBRERIA LAS AMERICAS INC.
2075, ST-LAURENT
MONTRÉAL, QUÉ. H2X 2T3
CANADA (514) 344-5994

Primera edición, 1980
Segunda edición, 1982
Tercera edición, 1986
Cuarta edición, 1987

Producción:
SGEL-EDUCACION
Marqués de Valdeiglesias, 5. Madrid-28004

Colaboración especial: José A. Matilla

ISBN: 84-7143-041-X
Depósito legal: M. 16.273-1987
Impreso en España - Printed in Spain

Imprime: ANZOS, S. A. - Fuenlabrada (Madrid)

Encuaderna: ARANCHAMAGO, S. A.

NOTA

Los *ejercicios estructurales* que ofrecemos a continuación han sido elaborados en base al libro *ESPAÑOL EN DIRECTO,* nivel I-A y tienen una doble finalidad:

1. Consolidación de ciertas estructuras fundamentales que consideramos más importantes en cada lección.

2. Su utilización en el laboratorio de idiomas como ejercicio suplementario para el alumno. También pueden ser utilizados individualmente por cada alumno para perfeccionar su expresión oral o suplir posibles deficiencias de cualquier índole. En tal caso sólo se necesita un magnetófono normal.

Para lograr estos objetivos, los *ejercicios estructurales* han sido grabados en cintas magnetofónicas. No obstante, también pueden ser utilizados en clase para ejercicios de grupo.

La grabación de cada ejercicio comienza con un ejemplo orientativo. Se indica al alumno, por medio de una clave sonora especial, el momento en que debe comenzar su intervención.

LECCION I

1.

¿Cómo te llamas?   [**Juan**].
Me llamo Juan.

¿Cómo te llamas?   [**María**].
Me llamo María.

¿Cómo te llamas?   [**Luis**].
Me llamo Luis.

¿Cómo te llamas?   [**Antonio**].
Me llamo Antonio.

¿Cómo te llamas?   [**Marta**].
Me llamo Marta.

¿Cómo te llamas?   [**José**].
Me llamo José.

¿Cómo te llamas?   [**Luisa**].
Me llamo Luisa.

2.

Carlos / profesor.
Carlos es profesor.

Bárbara / secretaria.
Bárbara es secretaria.

Pedro / peluquero.
Pedro es peluquero.

Miguel / ingeniero.
Miguel es ingeniero.

Manuel / arquitecto.
Manuel es arquitecto.

María / enfermera.
María es enfermera.

Antonio / profesor.
Antonio es profesor.

3.

Yo soy el profesor.
¿Eres tú el profesor?

Éste es el alumno.
¿Es éste el alumno?

Yo soy el médico.
¿Eres tú el médico?

Ésta es la enfermera.
¿Es ésta la enfermera?

Yo soy el peluquero.
¿Eres tú el peluquero?

Ésta es la secretaria.
¿Es ésta la secretaria?

Yo soy el arquitecto.
¿Eres tú el arquitecto?

4.

¿Eres francés?
Sí, yo soy francés.

¿Es Juan español?
Sí, Juan es español.

¿Sois vosotros holandeses?
Sí, nosotros somos holandeses.

¿Son los camareros italianos?
Sí, los camareros son italianos.

¿Eres ruso?
Sí, yo soy ruso.

¿Es María alemana?
Sí, María es alemana.

¿Sois vosotros americanos?
Sí, nosotros somos americanos.

5.

¿Eres estudiante de español? Sí, ¿y tú?
Yo también soy estudiante de español.

¿Eres americano? Sí, ¿y tú?
Yo también soy americano.

¿Eres médico? Sí, ¿y tú?
Yo también soy médico.

¿Eres enfermera? Sí, ¿y tú?
Yo también soy enfermera.

¿Eres francesa? Sí, ¿y tú?
Yo también soy francesa.

¿Eres arquitecto? Sí, ¿y tú?
Yo también soy arquitecto.

¿Eres alemana? Sí, ¿y tú?
Yo también soy alemana.

LECCION II

1.

Éste es Juan,
¿y aquél?   [**Pedro**].
Aquél es Pedro.

Ésta es María,
¿y aquélla?   [**Marta**].
Aquélla es Marta.

Éste es camarero,
¿y aquél?   [**profesor**].
Aquél es profesor.

Ésta es enfermera,
¿y aquélla?   [**secretaria**].
Aquélla es secretaria.

Éste es ruso,
¿y aquél?   [**alemán**].
Aquél es alemán.

Ésta es americana,
¿y aquélla?   [**italiana**].
Aquélla es italiana.

Éste es médico,
¿y aquél?   [**arquitecto**].
Aquél es arquitecto.

2.

¿De dónde eres?   [**España**].
Soy de España.

¿De dónde es María?   [**Holanda**].
María es de Holanda.

¿De dónde son Juan y Pablo?   [**Italia**].
Juan y Pablo son de Italia.

¿De dónde son ellas?   [**Rusia**].
Ellas son de Rusia.

¿De dónde eres tú?   [**Francia**].
Yo soy de Francia.

¿De dónde es Pedro?   [**Alemania**].
Pedro es de Alemania.

¿De dónde son los profesores?   [**España**].
Los profesores son de España.

3.

¿También es enfermera aquella chica?
No, aquella chica no es enfermera.

¿También es italiano aquel chico?
No, aquel chico no es italiano.

¿También es viejo aquel sombrero?
No, aquel sombrero no es viejo.

¿También es caro aquel vino?
No, aquel vino no es caro.

¿También es bajo aquel señor?
No, aquel señor no es bajo.

¿También es buena aquella cerveza?
No, aquella cerveza no es buena.

¿También es camarero aquel señor?
No, aquel señor no es camarero.

4.

Yo soy alto. [**vosotros bajos**].
Vosotros sois bajos.

Tú eres gordo. [**nosotros delgados**].
Nosotros somos delgados.

Yo soy profesor. [**vosotros estudiantes**].
Vosotros sois estudiantes.

Tú eres americano. [**nosotros alemanes**].
Nosotros somos alemanes.

Yo soy arquitecto. [**vosotros ingenieros**].
Vosotros sois ingenieros.

Tú eres ruso. [**nosotros holandeses**].
Nosotros somos holandeses.

Yo soy profesor. [**vosotros alumnos**].
Vosotros sois alumnos.

5.

¿Sois médicos o profesores?
No somos médicos. Somos profesores.

¿Son ingleses o alemanes?
No son ingleses. Son alemanes.

¿Sois holandeses o españoles?
No somos holandeses. Somos españoles.

¿Son camareros o estudiantes?
No son camareros. Son estudiantes.

¿Sois gordos o delgados?
No somos gordos. Somos delgados.

¿Son altos o bajos?
No son altos. Son bajos.

¿Sois ingenieros o peluqueros?
No somos ingenieros. Somos peluqueros.

LECCION III

1.

¿Es éste el libro nuevo?   [**aquél**].
No, éste. no es el libro nuevo. Es aquél.

¿Es ésta la escuela pequeña?   [**aquélla**].
No, ésta no es la escuela pequeña. Es aquélla.

¿Son éstos los sombreros viejos?   [**aquéllos**].
No, éstos ho son los sombreros viejos. Son aquéllos.

¿Son éstas las profesoras de inglés?   [**aquéllas**].
No, éstas no son las profesoras de inglés. Son aquéllas.

¿Son éstos los médicos simpáticos?   [**aquéllos**].
No, éstos no son los médicos simpáticos. Son aquéllos.

¿Es éste el hotel alto?   [**aquél**].
No, éste no es el hotel alto. Es aquél.

¿Es ésta la casa de Pedro?   [**aquélla**].
No, ésta no es la casa de Pedro. Es aquélla.

2.

El libro es delgado.
¿Cómo es el libro?

La escuela es pequeña.
¿Cómo es la escuela?

Los sombreros son nuevos.
¿Cómo son los sombreros?

Los médicos son gordos.
¿Cómo son los médicos?

Las puertas son viejas.
¿Cómo son las puertas?

El hotel es grande.
¿Cómo es el hotel?

La casa es baja.
¿Cómo es la casa?

3.

¿Qué hay sobre la mesa?   [**un libro**].
Sobre la mesa hay un libro.

¿Qué hay en el centro de la plaza?   [**un jardín**].
En el centro de la plaza hay un jardín.

¿Qué hay debajo del banco?   [**un sombrero**].
Debajo del banco hay un sombrero.

¿Qué hay al lado del banco?   [**un cine**].
Al lado del banco hay un cine.

¿Qué hay a la izquierda de la casa?   [**una cafetería**].
A la izquierda de la casa hay una cafetería.

¿Qué hay a la derecha de la iglesia?   [**un hotel**].
A la derecha de la iglesia hay un hotel.

¿Qué hay detrás de la piscina?   [**un árbol**].
Detrás de la piscina hay un árbol.

4.

¿Dónde está el libro?   [**sobre la mesa**].
El libro está sobre la mesa.

¿Dónde está la escuela?   [**al lado del bar**].
La escuela está al lado del bar.

¿Dónde están los sombreros?   [**debajo de la mesa**].
Los sombreros están debajo de la mesa.

¿Dónde está la puerta?   [**a la derecha**].
La puerta está a la derecha.

¿Dónde está el hotel?   [**detrás del banco**].
El hotel está detrás del banco.

¿Dónde esá el árbol?   [**en el centro de la plaza**].
El árbol está en el centro de la plaza.

¿Dónde está la casa?   [**en aquella calle**].
La casa está en aquella calle.

5.

No hay árboles en el jardín.
¿Hay árboles en el jardín?

No hay una piscina delante del hotel.
¿Hay una piscina delante del hotel?

No hay chicas delante del bar.
¿Hay chicas delante del bar?

No hay camareros en la iglesia.
¿Hay camareros en la iglesia?

No hay niños en el centro de la plaza.
¿Hay niños en el centro de la plaza?

No hay gatos al lado del árbol.
¿Hay gatos al lado del árbol?

No hay sombreros debajo de la mesa.
¿Hay sombreros debajo de la mesa?

LECCION IV

1.

¿Cómo estás?   [bien].
Estoy bien.

¿Cómo está Pedro?   [bien].
Pedro está bien.

¿Cómo están Luis y María?   [bien].
Luis y María están bien.

¿Cómo estáis vosotros?   [bien].
Nosotros estamos bien.

¿Cómo están los profesores?   [bien].
Los profesores están bien.

¿Cómo está Marta?   [bien].
Marta está bien.

¿Cómo están ellas?   [bien].
Ellas están bien.

2.

Juan es alto.
¿Cómo es Juan?

María es simpática.
¿Cómo es María?

Vosotros sois delgados.
¿Cómo sois vosotros?

16

La puerta es ancha.
¿Cómo es la puerta?

La casa es grande.
¿Cómo es la casa?

El jardín es pequeño.
¿Cómo es el jardín?

3.

¿Cómo está Luis?   **[enfermo]**.
Luis está enfermo.

¿Cómo está María?   **[resfriada]**.
María está resfriada.

¿Cómo estáis vosotros?   **[bien]**.
Nosotros estamos bien.

¿Cómo están los profesores?   **[cansados]**.
Los profesores están cansados.

¿Cómo está la casa?   **[desordenada]**.
La casa está desordenada.

¿Cómo está el jardín?   **[limpio]**.
El jardín está limpio.

¿Cómo están los bancos?   **[sucios]**.
Los bancos están sucios.

4.

Juan es alto.   **[gordo]**.
Juan es alto y está gordo.

La mesa es alta.   **[sucia]**.
La mesa es alta y está sucia.

La puerta es ancha.   **[cerrada]**.
La puerta es ancha y está cerrada.

La casa es grande.   **[limpia]**.
La casa es grande y está limpia.

Los niños son delgados.   [resfriados].
Los niños son delgados y están resfriados.

María es simpática.   [enferma].
María es simpática y está enferma.

La habitación es estrecha.   [desordenada].
La habitación es estrecha y está desordenada.

5.

Este cine es caro.
¿Es caro este cine?

Esta escuela está sucia.
¿Está sucia esta escuela?

Estos profesores son gordos.
¿Son gordos estos profesores?

Estos profesores están enfermos.
¿Están enfermos estos profesores?

Estos chicos están cansados.
¿Están cansados estos chicos?

Estas enfermeras son altas.
¿Son altas estas enfermeras?

Esta ventana es blanca.
¿Es blanca esta ventana?

LECCION V

1.

¿Qué estudias?   [**inglés**].
Estudio inglés.

¿Qué pinta María?   [**un cuadro**].
María pinta un cuadro.

¿Qué lavan ellas?   [**una camisa**].
Ellas lavan una camisa.

¿Qué cantáis?   [**una canción**].
Cantamos una canción.

¿Qué preparan las chicas?   [**un café**].
Las chicas preparan un café.

¿Qué toca Juan?   [**la guitarra**].
Juan toca la guitarra.

¿Qué escucháis?   [**la radio**].
Escuchamos la radio.

2.

¿Lavas una camisa?   [**yo**].
Yo lavo una camisa.

¿Fumáis un cigarrillo?   [**nosotros**].
Nosotros fumamos un cigarrillo.

¿Hablan inglés?   [**ellos**].
Ellos hablan inglés.

¿Estudian alemán?   [ellas].
Ellas estudian alemán.

¿Pintas la casa?   [tú].
Tú pintas la casa.

¿Escucháis la radio?   [vosotras].
Vosotras escucháis la radio.

¿Pasean por el parque?   [ellos].
Ellos pasean por el parque.

3.

Este chico es francés.
Es un chico francés.

Estos estudiantes son franceses.
Son unos estudiantes franceses.

Esta canción es difícil.
Es una canción difícil.

Estas sumas son fáciles.
Son unas sumas fáciles.

Este libro es delgado.
Es un libro delgado.

Estos profesores son agradables.
Son unos profesores agradables.

Esta casa es grande.
Es una casa grande.

4.

Éstos son españoles
¿y aquéllos?   [franceses].
Aquéllos son franceses.

Éstas son secretarias,
¿y aquéllas?   [alumnas].
Aquéllas son alumnas.

Éstos son médicos,
¿y aquéllos?   [profesores].
Aquéllos son profesores.

Éstas son inglesas,
¿y aquéllas?   [alemanas].
Aquéllas son alemanas.

Éstos son ingenieros,
¿y aquéllos?   [arquitectos].
Aquéllos son arquitectos.

Éstas son profesoras,
¿y aquéllas?   [alumnas].
Aquéllas son alumnas.

Éstos son americanos,
¿y aquéllos?   [holandeses].
Aquéllos son holandeses.

5.

Luisa estudia en la Escuela de Idiomas.
¿Dónde estudia Luisa?

Ellos pintan en una plaza.
¿Dónde pintan ellos?

Este alumno toma un café en un bar.
¿Dónde toma este alumno un café?

Pedro fuma un cigarrillo en la clase.
¿Dónde fuma Pedro un cigarrillo?

El médico trabaja en un hospital.
¿Dónde trabaja el médico?

Ellos compran una camisa en una tienda.
¿Dónde compran ellos una camisa?

Nosotros tocamos la guitarra en casa de Juan.
¿Dónde tocáis vosotros la guitarra?

LECCION VI

1.

¿Qué haces?   [**coser una falda**].
Coso una falda.

¿Qué hace María?   [**correr por el parque**].
María corre por el parque.

¿Qué hacen Luisa y Pedro?   [**leer una revista**].
Luisa y Pedro leen una revista.

¿Qué hacéis vosotros?   [**beber un vaso de agua**].
Nosotros bebemos un vaso de agua.

¿Qué hacen ellas?   [**comer tortilla**].
Ellas comen tortilla.

¿Qué haces?   [**vender sombreros**].
Vendo sombreros.

¿Qué hace el profesor?   [**ver una película**].
El profesor ve una película.

2.

¿Comes en casa?   [**en un restaurante**].
No, siempre como en un restaurante.

¿Bebe Juan cerveza?   [**vino**].
No, siempre bebe vino.

¿Corren los niños por el parque?   [**por la calle**].
No, siempre corren por la calle.

¿Leen ellos libros?   [**revistas**].
No, siempre leen revistas.

¿Venden las chicas camisas?   [**libros**].
No, siempre venden libros.

¿Coges esta caja?   [**aquella maleta**].
No, siempre cojo aquella maleta.

¿Coséis una camisa?   [**faldas**].
No, siempre cosemos faldas.

3.

Vemos un coche.
¿Que véis?

Hacen deporte.
¿Qué hacen?

Leo un libro.
¿Qué lees?

Bebemos vino.
¿Qué bebéis?

Vende sombreros.
¿Qué vende?

Hacen los deberes.
¿Qué hacen?

Cogen el autobús.
¿Qué cogen?

4.

Leo una revista.   [**yo**].
Yo también leo una revista.

María ve la televisión.   [**Luis**].
Luis también ve la televisión.

Ellas beben agua.   [**nosotros**].
Nosotros también bebemos agua.

Nosotros corremos por el parque.   [ellos].
Ellos también corren por el parque.

Los estudiantes hacen trabajos en casa.   [los profesores].
Los profesores también hacen trabajos en casa.

La madre de Juan cose una falda.   [la madre de Luisa].
La madre de Luisa también cose una falda.

Vosotros cogéis las revistas.   [tú].
Tú también coges las revistas.

5.

Los lunes bebemos cerveza.
¿Qué bebéis los lunes?

Los martes cogemos el autobús.
¿Qué cogéis los martes?

Los miércoles comemos naranjas.
¿Qué coméis los miércoles?

Los jueves hacemos deporte.
¿Qué hacéis los jueves?

Los viernes hacemos los deberes.
¿Qué hacéis los viernes?

Los sábados vemos la televisión.
¿Qué véis los sábados?

Los domingos leemos una novela.
¿Qué leéis los domingos?

LECCION VII

1.

Empiezan la clase a las diez.
¿A qué hora empiezan la clase?

Ponen la radio a las tres.
¿A qué hora ponen la radio?

Hago los deberes a las once.
¿A qué hora haces los deberes?

Ponemos la televisión a las nueve.
¿A qué hora ponéis la televisión?

Tiene hambre a las dos.
¿A qué hora tiene hambre?

Cierran la puerta a las doce.
¿A qué hora cierran la puerta?

Empezáis el trabajo a las doce y media.
¿A qué hora empezáis el trabajo?

2.

¿Para qué quieres un libro?   **[estudiar]**.
Quiero un libro para estudiar.

¿Para qué quieren una tortilla?   **[comer]**.
Quieren una tortilla para comer.

¿Para qué quiere Isabel una televisión?   **[ver películas]**.
Isabel quiere una televisión para ver películas.

¿Para qué queréis un sombrero?   [pasear por la calle].
Queremos un sombrero para pasear por la calle.

¿Para qué quieren ellos una tienda?   [vender camisas].
Ellos quieren una tienda para vender camisas.

¿Para qué quieren una guitarra?   [tocar canciones].
Quieren una guitarra para tocar canciones.

¿Para qué quieren un vaso?   [beber agua].
Quieren un vaso para beber agua.

3.

¿Tienes agua?
¿Para qué quieres agua?

¿Tenéis un sombrero?
¿Para qué queréis un sombrero?

¿Tienes un gato?
¿Para qué quieres un gato?

¿Tenéis una bicicleta?
¿Para qué queréis una bicicleta?

¿Tienes una novela?
¿Para qué quieres una novela?

¿Tenéis un coche?
¿Para qué queréis un coche?

¿Tienes una silla?
¿Para qué quieres una silla?

4.

Yo tengo un cigarrillo.   [Juan].
Juan también tiene uno.

Tú tienes una casa.   [nosotros].
Nosotros también tenemos una.

Él tiene un coche.   [ellos].
Ellos también tienen uno.

Nosotros tenemos una mesa.   **[María]**.
María también tiene una.

Vosotros tenéis un gato.   **[yo]**.
Yo también tengo uno.

Ellos tienen una bicicleta.   **[tú]**.
Tú también tienes una.

Ella tiene un helado.   **[vosotros]**.
Vosotros también tenéis uno.

5.

¿Qué quiere hacer la madre de Juan?   **[trabajar]**.
La madre de Juan quiere trabajar.

¿Qué quiere hacer Pedro?   **[ver la televisión]**.
Pedro quiere ver la televisión.

¿Qué queréis hacer vosotros?   **[escuchar la radio]**.
Queremos escuchar la radio.

¿Qué quieres hacer tú?   **[cerrar la ventana]**.
Quiero cerrar la ventana.

¿Qué quieren hacer ellas?   **[poner los libros sobre la mesa]**.
Quieren poner los libros sobre la mesa.

¿Qué quiere hacer el alumno?   **[comprar un coche]**.
El alumno quiere comprar un coche.

¿Qué queréis hacer vosotros?   **[vender libros]**.
Queremos vender libros.

LECCION VIII

1.

Juan comparte un piso con Luis.   **[tú]**.
Tú también compartes un piso con Luis.

Ellos viven en una casa agradable.   **[nosotros]**.
Nosotros también vivimos en una casa agradable.

Mis padres abren la ventana.   **[yo]**.
Yo también abro la ventana.

Yo sirvo el café.   **[el camarero]**.
El camarero también sirve el café.

Tú sufres mucho.   **[ellas]**.
Ellas también sufren mucho.

Nosotros escribimos muchas cartas.   **[tú]**.
Tú también escribes muchas cartas.

Vosotros recibís el periódico.   **[ellos]**.
Ellos también reciben el periódico.

2.

¿Quién es éste?   **[mi hermano]**.
Éste es mi hermano.

¿Quién eres tú?   **[tu amigo]**.
Soy tu amigo.

¿Quién es éste?   **[mi padre]**.
Éste es mi padre.

¿Quién eres tú?   [tu médico].
Soy tu médico.

¿Quién es ésta?   [mi secretaria].
Ésta es mi secretaria.

¿Quién eres tú?   [tu profesor].
Soy tu profesor.

¿Quién es éste?   [mi alumno].
Éste es mi alumno.

3.

El padre de Juan es alto.
Su padre es alto.

La habitación de María es estrecha.
Su habitación es estrecha.

El gato de Luisa es negro.
Su gato es negro.

El piso de los estudiantes es pequeño.
Su piso es pequeño.

El sombrero de tu madre es viejo.
Su sombrero es viejo.

La falda de la secretaria es blanca.
Su falda es blanca.

La camisa de Juan es nueva.
Su camisa es nueva.

4.

Los padres de Luisa son viejos.
Sus padres son viejos.

Los profesores de Margarita son gordos.
Sus profesores son gordos.

Los médicos de Juan son simpáticos.
Sus médicos son simpáticos.

Las maletas de Marta son grandes.
Sus maletas son grandes.

Los problemas de los estudiantes son difíciles.
Sus problemas son difíciles.

Las faldas de las enfermeras son blancas.
Sus faldas son blancas.

Los sombreros de Carmen son modernos
Sus sombreros son modernos.

5.

Tu maleta está sucia.   **[las maletas de María].**
Sus maletas también están sucias.

Mi sombrero está roto.   **[los sombreros de Luisa].**
Sus sombreros también están rotos.

Mi gato está enfermo.   **[los gatos de Juan].**
Sus gatos también están enfermos.

Tu habitación está desordenada.   **[las habitaciones de tus amigos].**
Sus habitaciones también están desordenadas.

Mi profesor está resfriado.   **[los profesores de Carlos].**
Sus profesores también están resfriados.

Tu padre está cansado.   **[los padres de Luis].**
Sus padres también están cansados.

Mi amiga está delgada.   **[las amigas de Carmen].**
Sus amigas también están delgadas.

LECCION IX

1.

¿De quién es este diccionario?   **[mi hermano]**.
Este diccionario es de mi hermano.

¿De quién es esta habitación?   **[Luis]**.
Esta habitación es de Luis.

¿De quién es este billete?   **[el profesor]**.
Este billete es del profesor.

¿De quién es esta bicicleta?   **[su padre]**.
Esta bicicleta es de su padre.

¿De quién es este helado?   **[un niño]**.
Este helado es de un niño.

¿De quién es esta revista?   **[la secretaria]**.
Esta revista es de la secretaria.

¿De quién es este disco?   **[Isabel]**.
Este disco es de Isabel.

2.

Este coche es para el médico.
¿Para quién es este coche?

Esta falda es para mi hermana.
¿Para quién es esta falda?

Estos discos son para los alumnos.
¿Para quién son estos discos?

Estas revistas son para las secretarias.
¿Para quién son estas revistas?

Este coche es para mí.
¿Para quién es este coche?

Esta maleta es para ella.
¿Para quién es esta maleta?

Estos periódicos son para Pedro.
¿Para quién son estos periódicos?

3.

Este libro es para Juan.   **[él]**.
Este libro es para él.

Esta flor es para Carmen.   **[ella]**.
Esta flor es para ella.

Estos diccionarios son para José.   **[él]**.
Estos diccionarios son para él.

Este disco es para mí y para ti.   **[nosotros]**.
Este disco es para nosotros.

Estas maletas son para tus padres.   **[ellos]**.
Estas maletas son para ellos.

Estas naranjas son para mi madre.   **[ella]**.
Estas naranjas son para ella.

Este coche es para ti y para Juan.   **[vosotros]**.
Este coche es para vosotros.

4.

¿A qué hora sales del cine?   **[seis y cuarto]**.
Salgo del cine a las seis y cuarto.

¿A qué hora llegas a casa?   **[diez]**.
Llego a casa a las diez.

¿A qué hora sale Juan de la oficina?   **[cinco y media]**.
Juan sale de la oficina a las cinco y media.

¿A qué hora salen los profesores de la clase?   **[dos menos cinco]**.
Los profesores salen de la clase a las dos menos cinco.

¿A qué hora llegan los estudiantes a la escuela?   **[cuatro y media]**.
Los estudiantes llegan a la escuela a las cuatro y media.

¿A qué hora salís del teatro?   **[siete y cinco]**.
Salimos del teatro a las siete y cinco.

5.

¿Puedes comer a las dos?
Sí, puedo comer a las dos.

¿Puede llegar Juan a casa a las cinco?
Sí, Juan puede llegar a casa a las cinco.

¿Podéis volver a las tres?
Sí, podemos volver a las tres.

¿Pueden los estudiantes servir el café?
Sí, los estudiantes pueden servir el café.

¿Puedes repartir estos libros?
Sí, puedo repartir estos libros.

¿Puede el cartero fumar por la calle?
Sí, el cartero puede fumar por la calle.

¿Podéis escribir muchas cartas?
Sí, podemos escribir muchas cartas.

LECCION X

1.

Hacer los deberes.   **[vosotros].**
Vosotros hacéis los deberes.

Poner la mesa.   **[tu madre].**
Tu madre pone la mesa.

Volver pronto a casa.   **[yo].**
Yo vuelvo pronto a casa.

Querer escribir una carta.   **[tú].**
Tú quieres escribir una carta.

Cerrar la puerta.   **[ellos].**
Ellos cierran la puerta.

Empezar el examen.   **[vosotros].**
Vosotros empezáis el examen.

Tener un perro.   **[yo].**
Yo tengo un perro.

2.

Tu casa es grande.
La mía también es grande.

Su perro es blanco.
El mío también es blanco.

Tu maleta está rota.
La mía también está rota.

34

Su jardín es pequeño.
El mío también es pequeño.

Tu falda es corta.
La mía también es corta.

Su problema es difícil.
El mío también es difícil.

Tu tocadiscos está arreglado.
El mío también está arreglado.

3.

¿Son éstos tus deberes?
Sí, son los míos.

¿Son éstas tus maletas?
Sí, son las mías.

¿Son éstos sus libros?
Sí, son los suyos.

¿Son éstas tus plumas?
Sí, son las mías.

¿Son éstos sus billetes?
Sí, son los suyos.

¿Son éstos tus profesores?
Sí, son los míos.

¿Son éstos sus diccionarios?
Sí, son los suyos.

4.

¿De quién es este libro?   **[Juan y María]**.
Es su libro. Es suyo.

¿De quién es esta maleta?   **[Juan y Pedro]**.
Es su maleta. Es suya.

¿De quién es este helado?   **[el profesor y yo]**.
Es nuestro helado. Es nuestro.

¿De quién es esta casa?   [**Carmen y yo**].
Es nuestra casa. Es nuestra.

¿De quién es este periódico?   [**Luisa y yo**].
Es nuestro periódico. Es nuestro.

¿De quién es esta pluma?   [**Pablo y tú**].
Es vuestra pluma. Es vuestra.

¿De quién es este hotel?   [**los médicos**].
Es su hotel. Es suyo.

5.

¿Son vuestros estos libros?
No, no son nuestros.

¿Son vuestras estas flores?
No, no son nuestras.

¿Son suyas estas cartas?
No, no son suyas.

¿Son vuestros aquellos coches?
No, no son nuestros.

¿Son nuestras aquellas bicicletas?
No, no son nuestras.

¿Son suyos los periódicos?
No, no son suyos.

¿Son vuestras las maletas?
No, no son nuestras.

LECCION XI

1.

¿Qué quiere el profesor?   [**comprar un libro**].
El profesor quiere comprar un libro.

¿Qué queréis?   [**ver el apartamento**].
Queremos ver el apartamento.

¿Qué quieren los alumnos?   [**hablar español**].
Los alumnos quieren hablar español.

¿Qué quiere el niño?   [**hacer sus deberes**].
El niño quiere hacer sus deberes.

¿Qué queréis?   [**comer pescado**].
Queremos comer pescado.

¿Qué quieren los médicos?   [**trabajar en el hospital**].
Los médicos quieren trabajar en el hospital.

¿Qué quieres?   [**beber una cerveza**].
Quiero beber una cerveza.

2.

Su perro es blanco.
¿De qué color es su perro?

Nuestras medias son negras.
¿De qué color son vuestras medias?

Tu falda es azul.
¿De qué color es mi falda?

Tu mesa es marrón,
¿De qué color es mi mesa?

Nuestras chaquetas son grises.
¿De qué color son vuestras chaquetas?

Tus pantalones son rojos.
¿De qué color son mis pantalones?

Sus abrigos son amarillos.
¿De qué color son sus abrigos?

3.

Lavo tu camisa en casa.
La lavo en casa.

Sirves el café en el bar.
Lo sirves en el bar.

Ponéis la mesa a la izquierda.
La ponéis a la izquierda.

Escribimos una carta a Juan.
La escribimos a Juan.

Pongo el libro sobre la mesa.
Lo pongo sobre la mesa.

Hacen el examen en la escuela.
Lo hacen en la escuela.

Cierras la puerta a las doce y media.
La cierras a las doce y media.

4.

¿Dónde compras tus pantalones?   **[en una tienda].**
Los compro en una tienda.

¿Dónde escriben las cartas?   **[en casa].**
Las escriben en casa.

¿Dónde venden aquellos libros?   **[en la plaza].**
Los venden en la plaza.

¿Dónde tienes las maletas?   [en el autobús].
Las tengo en el autobús.

¿Dónde pones los cigarrillos?   [en mi habitación].
Los pongo en mi habitación

¿Dónde tienen las revistas?   [en el cuarto de estar].
Las tienen en el cuarto de estar.

¿Dónde veis los programas de televisión?   [en la cafetería].
Los vemos en la cafetería.

5.

¿Cómo quieres las flores?   [rojas].
Las quiero rojas.

¿Cómo quieren el café?   [negro].
Lo quieren negro.

¿Cómo queréis la casa?   [grande].
La queremos grande.

¿Cómo quiere Juan los pantalones?   [azules].
Los quiere azules.

¿Cómo quieres el examen?   [fácil].
Lo quiero fácil.

¿Cómo queréis la falda?   [corta].
La queremos corta.

¿Cómo quieren los árboles?   [altos].
Los quieren altos.

LECCION XII

1.

¿Qué tiempo hace hoy?　　**[llover].**
Hoy llueve.

¿Qué tiempo hace hoy?　　**[mucho sol].**
Hoy hace mucho sol.

¿Qué tiempo hace hoy?　　**[nevar].**
Hoy nieva.

¿Qué tiempo hace hoy?　　**[mucho viento].**
Hoy hace mucho viento.

¿Qué tiempo hace hoy?　　**[calor].**
Hoy hace calor.

¿Qué tiempo hace hoy?　　**[frío].**
Hoy hace frío.

¿Qué tiempo hace hoy?　　**[llover mucho].**
Hoy llueve mucho.

2.

¿Hace frío en tu país?　　**[siempre].**
Siempre hace frío en mi país.

¿Fumas?　　**[a veces].**
A veces fumo.

¿Coméis en un restaurante?　　**[a menudo].**
A menudo comemos en un restaurante.

¿Tenéis deberes?   [con frecuencia].
Con frecuencia tenemos deberes.

¿Paseas por el parque?   [siempre].
Siempre paseo por el parque.

¿Coges el autobús?   [a veces].
A veces cojo el autobús.

¿Escucháis la radio?   [a menudo].
A menudo escuchamos la radio.

3.

Voy a la plaza.
Vengo de la plaza.

Vamos al cine.
Venimos del cine.

Juan va a la iglesia.
Juan viene de la iglesia.

Ellas van a la piscina.
Ellas vienen de la piscina.

Vas a la estación.
Vienes de la estación.

Ellos van al hotel.
Ellos vienen del hotel.

Vosotros vais al hospital.
Vosotros venís del hospital.

4.

¿De dónde viene el profesor?   [clase].
El profesor viene de la clase.

¿A dónde van los médicos?   [hospital].
Los médicos van al hospital.

¿De dónde venís?   [teatro].
Venimos del teatro.

¿A dónde vamos?   [cine].
Vamos al cine.

¿De dónde vienen los niños?   [parque].
Los niños vienen del parque.

¿A dónde vais?   [Barcelona].
Vamos a Barcelona.

¿De dónde vienes?   [piscina].
Vengo de la piscina.

5.

¿Cuándo vas a la piscina?   [verano].
Voy a la piscina en verano.

¿Cuándo paseas por el parque?   [otoño].
Paseo por el parque en otoño.

¿Cuándo compráis flores?   [primavera].
Compramos flores en primavera.

¿Cuándo van los niños a la escuela?   [invierno].
Los niños van a la escuela en invierno.

¿Cuándo come la gente helados?   [verano].
La gente come helados en verano.

¿Cuándo lleváis chaqueta?   [otoño].
Llevamos chaqueta en otoño.

¿Cuándo van los alumnos a clase de español.   [verano].
Los alumnos van a clase de español en verano.

LECCION XIII

1.

¿Qué hace Juan a mediodía?   **[comer en un restaurante]**.
A mediodía Juan come en un restaurante.

¿Qué hacéis vosotros por la noche?   **[dormir en casa]**.
Por la noche dormimos en casa.

¿Qué hace la gente por la mañana?   **[ir al trabajo]**.
Por la mañana la gente va al trabajo.

¿Qué hacen las enfermeras por la tarde?   **[pasear por las calles]**.
Por la tarde las enfermeras pasean por las calles.

¿Qué hace María al atardecer?   **[comprar libros]**.
Al atardecer María compra libros.

¿Qué haces a mediodía?   **[volver a casa]**.
A mediodía vuelvo a casa.

¿Qué hacen los estudiantes por la tarde?   **[ir a la escuela]**.
Por la tarde los estudiantes van a la escuela.

2.

Voy a vender un libro.
¿Qué vas a vender.

Juan va a comer tortilla.
¿Qué va a comer Juan?

Ellas van a escribir cartas.
¿Qué van a escribir ellas?

43

Los niños van a comprar helados.
¿Qué van a comprar los niños?

Vamos a escuchar este disco.
¿Qué vais a escuchar?

Los profesores van a explicar la lección.
¿Qué van a explicar los profesores?

Voy a coger naranjas.
¿Qué vas a coger?

3.

¿A quién vais a visitar?   **[José]**.
Vamos a visitar a José.

¿A quién vas a invitar?   **[la secretaria]**.
Voy a invitar a la secretaria.

¿A quién va a saludar Juan?   **[Luisa]**.
Juan va a saludar a Luisa.

¿A quién vas a telefonear.   **[la enfermera]**.
Voy a telefonear a la enfermera.

¿A quién vais a ver?   **[el médico]**.
Vamos a ver al médico.

¿A quién vamos a escuchar?   **[el profesor]**.
Vamos a escuchar al profesor.

¿A quién van a invitar Juan y María?   **[el chico americano]**.
Juan y María van a invitar al chico americano.

4.

Voy a saludar al padre de María.
¿A quién vas a saludar?

Juan va a comprar un sombrero.
¿Qué va a comprar Juan?

Ellos van a escuchar al profesor.
¿A quién van a escuchar ellos?

Los niños van a comprar bocadillos.
¿Qué van a comprar los niños?

Voy a saludar a mi hermano.
¿A quién vas a saludar?

Vamos a ver una película.
¿Qué vais a ver?

Ellos van a invitar a la hermana de Luis.
¿A quién van a invitar ellos?

5.

Vamos a ver a las chicas esta tarde.
Vamos a verlas esta tarde.

Voy a visitar a los padres de Juan.
Voy a visitarlos.

Ellos van a saludar a las secretarias.
Ellos van a saludarlas.

José va a invitar a tus amigos.
José va a invitarlos.

Voy a esperar a las enfermeras.
Voy a esperarlas.

María va a despedir a Luis y a Antonio.
María va a despedirlos.

Ellos van a recibir a Carmen y a Luisa.
Ellos van a recibirlas.

6.

¿Cuántos años tienes?   **[20 la semana que viene]**.
Voy a cumplir 20 la semana que viene.

¿Cuántos años tiene tu madre?   **[40 el martes que viene]**.
Va a cumplir 40 el martes que viene.

¿Cuántos años tiene Luisa?   **[19 mañana]**.
Va a cumplir 19 mañana.

¿Cuántos años tiene el profesor?   [30 el lunes que viene].
Va a cumplir 30 el lunes que viene.

¿Cuántos años tienes?   [22 pasado mañana].
Voy a cumplir 22 pasado mañana.

¿Cuántos años tenéis?   [35 el jueves que viene].
Vamos a cumplir 35 el jueves que viene.

¿Cuántos años tienen los alumnos?   [25 la semana que viene].
Van a cumplir 25 la semana que viene.

LECCION XIV

1.

Coge el sombrero.
*Cóge*lo.

Compra estas maletas.
*Cómpra*las.

Copia la carta.
*Cópia*la.

Paga las facturas.
*Pága*las.

Escucha este disco.
*Escúcha*lo.

Saluda a mis hermanos.
*Salúda*los.

Prepara las tortillas.
*Prepára*las.

2.

No haga Ud. los deberes.
No los *haga.*

No coma Ud. este pastel.
No lo *coma.*

No coja Ud. el autobús.
No lo *coja.*

No reparta Ud. los exámenes.
No los *reparta.*

No sirva Ud. las bebidas.
No las *sirva.*

No escriba Ud. las cartas.
No las *escriba.*

No lave Ud. esta camisa.
No la *lave.*

3.

Coge los cigarrillos.
No los *cojas.*

Limpiad esta mesa.
No la *limpiéis.*

Visita a tus padres.
No los *visites.*

Invite a mi amigo.
No lo *invite.*

Compren aquel regalo.
No lo *compren.*

Comed esta naranja.
No la *comáis.*

Cierra las ventanas.
No las *cierres.*

4.

No pienses estas cosas.
*Sí, piénsa*las.

No ponga Ud. este disco.
*Sí, póngo*lo.

No escales esta montaña.
*Sí, escála*la.

48

No pidáis mucho dinero.
Sí, pedidlo.

No tomes los entremeses.,
Sí, tómalos.

No cuenten estas historias.
Sí, cuéntenlas.

No abran Uds. la puerta.
Sí, ábranla.

5.

Piensa esto.
Piénsalo.

Cierra la puerta.
Ciérrala.

Comed este pescado.
Comedlo.

Tomad este café.
Tomadlo.

Cuente esta historia.
Cuéntela.

Pedid más dinero.
Pedidlo.

Desate el zapato.
Desátelo.

LECCION XV

1.

¿Qué te gusta a ti?   **[bailar]**.
A mí me gusta bailar.

¿Qué le gusta a ella?   **[escribir]**.
A ella le gusta escribir.

¿Qué les gusta a los estudiantes?   **[leer]**.
A los estudiantes les gusta leer.

¿Qué os gusta a vosotros?   **[pintar]**.
A nosotros nos gusta pintar.

¿Qué le gusta al médico?   **[trabajar]**.
Al médico le gusta trabajar.

¿Qué nos gusta a nosotros?   **[escalar]**.
A vosotros os gusta escalar.

¿Qué le gusta a Ud.?   **[nadar]**.
A mí me gusta nadar.

2.

¿Te gusta la playa?
Sí, me gusta la playa.

¿Te gustan los caballos?
Sí, me gustan los caballos.

¿Le gusta a Juan el cine?
Sí, le gusta el cine.

¿Les gustan a Uds. los perros?
Sí, a nosotros nos gustan los perros.

¿Le gusta a Ud. el deporte?
Sí, me gusta el deporte.

¿Os gustan a vosotros las carreras de coches?
Sí, a nosotros nos gustan las carreras de coches.

¿Les gusta a ellos el abrigo?
Sí, a ellos les gusta el abrigo.

3.

[a María]   [los coches]
A María le gustan los coches.

[a José]   [los caballos]
A José le gustan los caballos.

[a mí]   [bailar]
A mí me gusta bailar.

[a vosotros]   [jugar al fútbol]
A vosotros os gusta jugar al fútbol.

[a Uds.]   [las flores]
A Uds. les gustan las flores.

[a ella]   [los bocadillos]
A ella le gustan los bocadillos.

[a ti]   [los helados]
A ti te gustan los helados.

4.

Comprad estos libros   **[a nosotros]**.
Compradnos estos libros.

Escribid una carta.   **[a Juan]**.
Escribidle una carta.

Regalen Uds. libros.   **[a la gente]**.
Regálenle libros.

Da tu coche.   [a ellas].
Dales tu coche.

Preste Ud. su casa.   [a nosotros].
Préstenos su casa.

Sirve el café.   [a mí].
Sírveme el café.

5.

¿Doy el libro?   [a Juan].
¿Le doy el libro?

¿Regalamos el perro?   [al médico].
¿Le regalamos el perro?

¿Prestas tu libro?   [a mí].
¿Me prestas tu libro?

¿Servís el café?   [a nosotros].
¿Nos servís el café?

¿Cuento la historia?   [a Uds.]
¿Les cuento la historia?

¿Vendo esta camisa?   [a ti].
¿Te vendo esta camisa?

¿Envían la carta?   [a vosotros].
¿Os envían la carta?

LECCION XVI

1.

Mi casa es moderna.   **[la tuya]**.
Mi casa es más moderna que la tuya.

Tu falda es corta.   **[la suya]**.
Tu falda es más corta que la suya.

Sus pantalones son nuevos.   **[los míos]**.
Sus pantalones son más nuevos que los míos.

Mis lápices son largos.   **[los suyos]**.
Mis lápices son más largos que los suyos.

Tus lecciones son difíciles.   **[las mías]**.
Tus lecciones son más difíciles que las mías.

Su coche es viejo.   **[el tuyo]**.
Su coche es más viejo que el tuyo.

Mi abrigo es barato.   **[el suyo]**.
Mi abrigo es más barato que el suyo

2.

Este profesor es bajo.   **[aquél]**.
Este profesor es menos bajo que aquél.

Este lápiz es largo.   **[aquél]**.
Este lápiz es menos largo que aquél.

Aquella libreta es cara.   **[ésta]**.
Aquella libreta es menos cara que ésta.

Aquel cigarrillo es corto.   [**éste**].
Aquel cigarrillo es menos corto que éste.

Esta secretaria es inteligente.   [**ésa**].
Esta secretaria es menos inteligente que ésa.

Aquel pescado es caro.   [**éste**].
Aquel pescado es menos caro que éste.

Este libro es difícil.   [**aquél**].
Este libro es menos difícil que aquél.

3.

El cine es interesante.   [**el teatro**].
El cine es tan interesante como el teatro.

Los médicos son agradables.   [**las enfermeras**].
Los médicos son tan agradables como las enfermeras.

Los cigarrillos son malos.   [**el vino**].
Los cigarrillos son tan malos como el vino.

Los profesores son jóvenes.   [**los estudiantes**].
Los profesores son tan jóvenes como los estudiantes.

Mi bolso es bonito.   [**el bolso de María**].
Mi bolso es tan bonito como el bolso de María.

La casa de Pablo es cómoda.   [**la mía**].
La casa de Pablo es tan cómoda como la mía.

Su jardín es grande.   [**la plaza**].
Su jardín es tan grande como la plaza.

4.

¿Quién es el más inteligente de la clase?   [**Juan**].
Juan es el más inteligente de la clase.

¿Quién es el más trabajador de la oficina?   [**Pedro**].
Pedro es el más trabajador de la oficina.

¿Quién es la más delgada de la escuela?   [**María**].
María es la más delgada de la escuela.

¿Quién es la más vieja de la casa?   [mi madre].
Mi madre es la más vieja de la casa.

¿Quién es el más pequeño de tus hermanos?   [Luis].
Luis es el más pequeño de mis hermanos.

¿Quién es la más joven de la cafetería?   [Carmen].
Carmen es la más joven de la cafetería.

¿Quién es el más inteligente de la familia?   [mi padre].
Mi padre es el más inteligente de la familia.

5.

¿Qué abrigo es más barato?   [éste].
Este abrigo es el más barato.

¿Qué lápiz es más largo?   [aquél].
Aquel lápiz es el más largo.

¿Qué casa es más moderna?   [la casa de María].
La casa de María es la más moderna.

¿Qué lección es más difícil?   [la lección de mañana].
La lección de mañana es la más difícil.

¿Qué amigo es más agradable?   [Carlos].
Carlos es el más agradable.

¿Qué suma es más complicada?   [esa suma].
Esa suma es la más complicada.

¿Qué piscina es más grande?   [la piscina del hotel].
La piscina del hotel es la más grande.

6.

Éste es el mayor de mis hermanos.
¿Es éste el mayor de tus hermanos?

Aquélla es la mejor estudiante del curso.
¿Es aquélla la mejor estudiante del curso?

Éste es el peor libro de la tienda.
¿Es éste el peor libro de la tienda?

Juan es el mejor nadador de todos.
¿Es Juan el mejor nadador de todos?

Yo soy el mejor médico de mi familia.
¿Eres tú el mejor médico de tu familia?

Carlos es el peor profesor de la escuela.
¿Es Carlos el peor profesor de la escuela?

Aquéllas son las peores tiendas de la ciudad.
¿Son aquéllas las peores tiendas de la ciudad?

LECCION XVII

1.

Esta mañana hemos escuchado la radio.   **[nosotros].**
Nosotros también hemos escuchado la radio.

Hoy Juan y Pedro han ido al cine.   **[ella].**
Ella también ha ido al cine.

Esta mañana he visto a Juan.   **[vosotros].**
Vosotros también habéis visto a Juan.

Hoy las chicas han entendido la lección.   **[los niños].**
Los niños también han entendido la lección.

Esta mañana. habéis hecho los deberes.   **[yo].**
Yo también he hecho los deberes.

Hoy Pablo ha alquilado un apartamento.   **[ellas].**
Ellas también han alquilado un apartamento.

Esta mañana hemos comprado un coche.   **[tú].**
Tú también has comprado un coche.

2.

¿Qué has hecho esta mañana?   **[tomar un café].**
He tomado un café.

¿Qué han hecho los estudiantes hoy?   **[ir a la playa].**
Los estudiantes han ido a la playa.

¿Qué habéis hecho esta mañana?   **[pasear por el parque].**
Hemos paseado por el parque.

¿Qué ha hecho María esta mañana?   [vender libros].
María ha vendido libros.

¿Qué has hecho hoy?   [leer el periódico].
He leído el periódico.

¿Qué han hecho los niños esta mañana?   [comer helados].
Los niños han comido helados.

¿Qué habéis hecho hoy?   [escribir cartas].
Hemos escrito cartas.

3.

¿Habéis recibido la carta?   [todavía no].
Todavía no la hemos recibido.

¿Han escrito el libro?   [aún no].
Aún no lo han escrito.

¿Has escuchado los discos?   [ya].
Ya los he escuchado.

¿Ha visitado Francia?   [nunca].
Nunca ha visitado Francia.

¿Habéis leído estas revistas?   [todavía no].
Todavía no las hemos leído.

¿Han cogido las naranjas?   [aún no].
Aún no las han cogido.

¿Habéis comprendido la lección?   [ya].
Ya la hemos comprendido.

4.

Escucha este disco.
Ya lo he escuchado.

Pon el mantel.
Ya lo he puesto.

Abre la puerta.
Ya la he abierto.

Escribe la carta.
Ya la he escrito.

Haz los deberes.
Ya los he hecho.

Rompe el vaso.
Ya lo he roto.

Di estas cosas.
Ya las he dicho.

5.

¿Qué te parece este bolso?   **[bonito]**.
Me parece bonito.

¿Qué le parece a Juan esta plaza?   **[grande]**.
Le parece grande.

¿Qué os parece mi falda?   **[corta]**.
Nos parece corta.

¿Qué les parece a los estudiantes la clase?   **[difícil]**.
Les parece difícil.

¿Qué te parecen las piscinas?   **[estrechas]**.
Me parecen estrechas.

¿Qué te parecen los alumnos?   **[agradables]**.
Me parecen agradables.

¿Qué os parecen las chicas?   **[gordas]**.
Nos parecen gordas.

6.

¿Te gusta el libro?   **[difícil]**.
Sí, pero me parece difícil.

¿Le gustan los bocadillos?   **[grandes]**.
Sí, pero le parecen grandes.

¿Os gusta este jardín?   **[pequeño]**.
Sí, pero nos parece pequeño.

¿Les gustan estos apartamentos?   [ruidosos].
Sí, pero les parecen ruidosos.

¿Te gusta leer?   [aburrido].
Sí, pero me parece aburrido.

¿Les gustan las películas?   [largas].
Sí, pero les parecen largas.

¿Le gustan las flores?   [caras]. ·
Sí, pero le parecen caras.

LECCION XVIII

1.

¿Qué harás esta tarde?   [**ir de compras**].
Iré de compras.

¿Qué hará María el sábado?   [**pintar un cuadro**].
Pintará un cuadro.

¿Qué haréis el domingo?   [**estudiar la lección**].
Estudiaremos la lección.

¿Qué harán las secretarias esta tarde?   [**ir a bailar**].
Irán a bailar.

¿Qué haremos mañana?   [**leer libros**].
Leeremos libros.

¿Qué harás pasado mañana?   [**beber vino**].
Beberé vino.

¿Qué hará el profesor el sábado próximo?   [**ir de excursión**].
Irá de excursión.

2.

¿Cuándo irás al fútbol?   [**mañana**].
Mañana iré al fútbol.

¿Cuándo hará el niño los deberes?   [**esta tarde**].
Esta tarde el niño hará los deberes.

¿Cuándo veréis a María?   [**a las tres**].
A las tres veremos a María.

¿Cuándo comerás tortilla?   [pasado mañana].
Pasado mañana comeré tortilla.

¿Cuándo prepararán las chicas la cena?   [por la noche].
Por la noche las chicas prepararán la cena.

¿Cuándo escucharéis la radio?   [a las cinco].
A las cinco escucharemos la radio.

¿Cuándo tomaremos una cerveza?   [mañana].
Mañana tomaremos una cerveza.

3.

Voy a decirte una cosa.
Te diré una cosa.

Vamos a saber la verdad.
Sabremos la verdad.

Van a salir a la calle.
Saldrán a la calle.

Va a venir a Barcelona.
Vendrá a Barcelona.

Vamos a poder nadar.
Podremos nadar.

Voy a hacer los deberes.
Haré los deberes.

Vais a tener mucho trabajo.
Tendréis mucho trabajo.

4.

Mañana iré al cine. ¿Y tú?   [ir de compras].
Yo iré de compras.

Esta tarde compraré un coche, ¿y vosotros?   [comprar el aparta-
mento].
Nosotros compraremos el apartamento.

El lunes Juan vendrá a vernos, ¿y María?   [salir de paseo].
María saldrá de paseo.

Pasado mañana iré a la playa, ¿y los alumnos?   [tener un examen].
Los alumnos tendrán un examen.

El mes que viene visitaré París, ¿y tú?   [escribir cartas].
Yo escribiré cartas.

Mañana comeremos pescado, ¿y vosotros?   [comer tortilla].
Nosotros comeremos tortilla.

Pasado mañana tomaremos helados, ¿y ellos?   [agua].
Ellos tomarán agua.

5.

Escribiré cartas.
¿Vas a escribir cartas?

Leeremos esta revista.
¿Vais a leer esta revista?

Nadaremos en la piscina.
¿Vais a nadar en la piscina?

Ellas visitarán al profesor.
¿Van a visitar al profesor?

Vendrás a casa más tarde.
¿Vas a venir a casa más tarde?

Recogerán los ejercicios.
¿Van a recoger los ejercicios?

Haréis las maletas para el viaje.
¿Vais a hacer las maletas para el viaje?

Saldremos de la oficina a las tres.
¿Vais a salir de la oficina a las tres?

LECCION XIX

1.

¿Qué estás haciendo?   [pintar un cuadro].
Estoy pintando un cuadro.

¿Qué está haciendo el padre de José?   [escuchar un disco].
El padre de José está escuchando un disco.

¿Qué estáis haciendo vosotros?   [reparar el coche].
Estamos reparando el coche.

¿Qué están haciendo tus amigos?   [hablar de cine].
Mis amigos están hablando de cine.

¿Qué estás haciendo?   [colgar un cuadro].
Estoy colgando un cuadro.

¿Qué está haciendo aquella chica?   [pedir dinero].
Aquella chica está pidiendo dinero.

¿Qué estáis haciendo vosotros?   [saludar a un amigo].
Estamos saludando a un amigo.

2.

Nosotros estamos comiendo.   [vosotros]   [beber].
Nosotros estamos comiendo y vosotros estáis bebiendo.

María está durmiendo.   [Juan]   [tocar la guitarra].
María está durmiendo y Juan está tocando la guitarra.

Ellos están escribiendo cartas.   [nosotros]   [hacer los deberes].
Ellos están escribiendo cartas y nosotros estamos haciendo los deberes.

Tú estás preparando la comida. [él] [deshacer las maletas].
Tú estás preparando la comida y él está deshaciendo las maletas.

Yo estoy paseando por el parque. [tú] [trabajar en la oficina].
Yo estoy paseando por el parque y tú estás trabajando en la oficina.

Los alumnos están estudiando la lección. [los profesores]
[hablar en el pasillo].
Los alumnos están estudiando la lección y los profesores están ha-
blando en el pasillo.

El fontanero está arreglando el grifo. [el electricista]
[poner enchufes].
El fontanero está arreglando el grifo y el electricista está poniendo
enchufes.

3.

Ahora estoy barriendo. [Después] [ir al cine].
Ahora estoy barriendo. Después iré al cine.

Ahora Juan está durmiendo. [Por la tarde] [coser los pan-
talones].
Ahora Juan está durmiendo. Por la tarde coserá los pantalones.

Ahora las chicas están hablando. [Después] [preparar la cena].
Ahora las chicas están hablando. Después prepararán la cena.

Ahora los niños están haciendo ruido. [Por la noche] [ir a
la cama].
Ahora los niños están haciendo ruido. Por la noche irán a la cama.

Ahora el dueño de la casa está haciendo facturas. [Después]
[ir a los pisos].
Ahora el dueño de la casa está haciendo facturas. Después irá a los
pisos.

Ahora las secretarias están escribiendo cartas. [Por la noche]
[salir a bailar].
Ahora las secretarias están escribiendo cartas. Por la noche saldrán
a bailar.

Ahora tus amigos están bebiendo cerveza. [Después]
[fregar el piso].
Ahora tus amigos están bebiendo cerveza. Después fregarán el piso.

4.

Juan da un libro al profesor.
Juan se lo *da.*

María regala una bicicleta al niño.
María se la *regala.*

Ellas compran un regalo a su amiga.
Ellas se lo *compran.*

Los profesores explican la lección a sus alumnos.
Los profesores se la *explican.*

Yo envío un paquete a mi madre.
Yo se lo *envío.*

Tú das un helado al niño.
Tú se lo *das.*

Los arquitectos venden una casa al dueño.
Los arquitectos la *venden.*

5.

Ellos cuentan las historias.   **[a los niños].**
Se las cuentan.

Carlos da bocadillos.   **[a las secretarias].**
Se los da.

Mi madre regala flores.   **[a su amiga].**
Se las regala.

Los chicos explican los problemas.   **[a los estudiantes].**
Se los explican.

Nosotros compramos regalos.   **[a las chicas].**
Se los compramos.

El electricista vende enchufes.   **[a la gente].**
Se los vende.

Vosotros enviáis cartas.   **[a vuestras amigas].**
Se las enviáis.

6.

Dame este libro.
Dámelo.

Cómprale esta revista.
Cómprasela.

Véndete este coche.
Véndetelo.

Repárteles caramelos a los niños.
Repárteselos.

Explícale la lección a Juan.
Explícasela.

Envíanos la maleta a nosotros.
Envíanosla.

Recógeles el ejercicio a los alumnos.
Recógeselo.

LECCION XX

1.

¿Conoces este país?
Sí, lo conozco.

¿Conducís el coche nuevo?
Sí, lo conducimos.

¿Agradecen el regalo?
Sí, lo agradecen.

¿Obedeces las leyes?
Sí, las obedezco.

¿Conocéis el país italiano?
Sí, lo conocemos.

¿Conduces el autobús?
Sí, lo conduzco.

¿Obedecéis las órdenes del dueño?
Sí, las obedecemos.

2.

¿Qué haréis el próximo verano?   **[ir a Inglaterra].**
El próximo verano iremos a Inglaterra.

¿Qué vas a hacer mañana?   **[estudiar].**
Mañana voy a estudiar.

¿Qué hará Juan por la noche?   **[salir a pasear].**
Por la noche Juan saldrá a pasear.

¿Qué van a hacer los estudiantes pasado mañana?   [**preparar los ejercicios**].

Pasado mañana los estudiantes van a preparar los ejercicios.

¿Qué haréis la semana que viene?   [**asistir a las clases**].
La semana que viene asistiremos a las clases.

¿Qué vas a hacer el domingo?   [**visitar a mis padres**].
El domingo voy a visitar a mis padres.

¿Qué haremos esta semana?   [**visitar París**].
Esta semana visitaremos París.

3.

Este libro es de María.
¿De quién es este libro?

Estas flores son para tu madre.
¿Para quién son estas flores?

Estos helados son de los niños.
¿De quién son estos helados?

Este regalo es para Carmen.
¿Para quién es este regalo?

Esta pluma es del profesor.
¿De quién es esta pluma?

Estos periódicos son para tu amigo.
¿Para quién son estos periódicos?

4.

Dale a María este libro.
Dáselo.

Juan da un libro a María.
Juan se lo da.

Entrega este paquete a sus padres.
Entrégaselo.

Carmen entrega este paquete a sus padres.
Carmen se lo entrega.

Compra caramelos a los niños.
Cómpraselos.

La madre compra caramelos a los niños.
La madre se los compra.

Dame esta carta.
Dámela.

5.

Obedece a tus padres.
No los obedezcas.

Agradeced el regalo al señor.
No se lo agradezcáis.

Conozca Ud. su país.
No lo conozca.

Conduzcan Uds. coches grandes.
No los conduzcan.

Ponte el vestido nuevo.
No te lo pongas.

Díganos la verdad.
No nos la diga.

Servid el café a los señores.
No se lo sirváis.

6.

¿Cuántas lenguas hablas?   **[francés, español, alemán]**.
Hablo francés, español y alemán.

¿Cuánto dinero tiene Ud?   **[muy poco]**.
Tengo muy poco dinero.

¿Cuánta cerveza va a tomar?   **[una botella]**.
Voy a tomar una botella.

¿Cuántos paquetes traen Uds?   [ocho].
Traemos ocho paquetes.

¿Cuánto café quiere tomar?   [mucho].
Quiero tomar mucho café.

¿Cuántos amigos tenéis?   [trece].
Tenemos trece amigos.

¿Cuántas lecciones habéis dado?   [siete].
Hemos dado siete lecciones.